DU
REFUS DU BUDGET.

SE TROUVE CHEZ :

DELAUNAY, Libraire, Galerie de Pierre, N° 82,
au Palais-Royal ;

WILBERT, Libraire, Cour du Palais-Royal, N°° 40 et 41.

Imprimerie de David,
Boulevart Poissonnière, n. 6.

AVANT-PROPOS.

Le principal obstacle à une conciliation qui devient à chaque instant plus
nécessaire, c'est la persuasion dont quelques personnes sont pénétrées que la
chambre des députés est poussée, par une
avidité insatiable, à arracher sans cesse à
la couronne de nouvelles concessions
dans le sens de l'égalité.

Il n'y a pas très-long-temps que le
même corps, composé d'autres élémens,
demandait et obtenait des concessions
dans un sens entièrement opposé, et qui
tendait à donner à l'aristocratie une influence plus considérable que la couronne n'aurait désiré lui en accorder.

Quant à nous, ennemis de tous les
excès, amis d'une sage modération, nous
regarderons constamment comme un
inconvénient grave toute majorité, quelque tendance qu'elle affecte, dont les

dispositions ne seront pas analogues à celles qui animent le gouvernement du Roi. L'accord des trois pouvoirs qui, sous le nom de *royauté*, de *démocratie* et *d'aristocratie*, sont l'expression des trois grands intérêts qui se partagent la France, est la base du gouvernement représentatif, qui, comme son nom l'indique, a pour objet la conciliation et la représentation de tous les intérêts.

Sans entrer ici dans l'examen de la loi électorale qui est en vigueur, et dont la réformation présenterait les plus graves difficultés, l'objet de cet écrit est de rétablir une heureuse harmonie entre les trois pouvoirs, ou du moins d'éviter toute rupture, en déduisant les raisons qui portent à croire que, grâce à la manière dont les pouvoirs sont pondérés, la couronne ne peut être entraînée contre son gré à faire de nouvelles concessions, qu'autant qu'elle réclamerait de nouveaux impôts en augmentation de ceux qui existent déjà.

DU

REFUS DU BUDGET.

Il est un principe qui n'est contesté par personne, c'est que dans tout gouvernement fondé sur le respect de la propriété, le Prince ne peut lever d'impôts sans le consentement des propriétaires, ou de ceux qui les représentent, soit que la représentation ait lieu par délégation directe ou par assimilation d'intérêts (1).

Louis XVI, pour empêcher l'écroulement de ses finances, épuisées par de nombreuses guerres et par les folles profusions de ses prédécesseurs, fut obligé de se soumettre aux conditions que le tiers-état, devenu le corps le plus puissant et le plus riche de la nation, s'obstina à lui imposer. Le tiers-état n'accorda d'argent qu'en échange de pouvoir et d'influence, ou, ce qui revient au

______

(1) Voyez Montlosier : De la Crise présente, p. 49.

même, au prix d'une participation plus considérable dans l'administration de l'État. La noblesse,
ruinée depuis long-temps, ne pouvait offrir aucune ressource au Trésor. Dans la crise qui le
menaçait, elle était plutôt une charge qu'un aide.
Quant au clergé, ses revenus avaient une appli-
cation dont ils ne pouvaient guère être détour-
nés. Il est reconnu d'ailleurs que ce corps opu-
lent ne thésorisait pas.

C'est donc à tort qu'on a dit dans la *Gazette de
France*, du 4 mars :

« Si Louis XVI n'eût pas au commencement
» accordé cette double représentation, piège
» grossier autant que dangereux, la révolution
» périssait dans son germe ; car on aurait compté
» les opinions par ordre et non par tête, et ce
» n'est pas ainsi que les doctrines de dissolution
» peuvent s'établir. Si, après cette énorme faute,
» Louis XVI eût au moins protégé le triple vote,
» ce qui était encore constitutionnel, la révolu-
» tion s'évaporait en fumée. Si, même après cette
» seconde faute, il n'eût pas encore accordé aux
» factieux le renvoi des troupes, la révolution
» mourait de sa rage et de son impuissance. »

Sans doute, Louis XVI a commis de grandes
fautes. Mais elles étaient presque inévitables.

Elles tenaient à la fois au désordre de ses finances, sous lequel il a succombé, et à l'ignorance en matières politiques de ses conseillers, qui le poussèrent à traiter sans ménagement les Parlemens, irrités encore, malgré leur rappel, des coups d'état dont Meaupou les avait frappés. Les conseillers de la couronne, au lieu de faire avec les Parlemens une conciliation, une transaction devenue *nécessaire*, recoururent en désespoir de cause aux États-Généraux ; mais n'ayant aucune notion de la balance des pouvoirs ou de la représentation des intérêts, ils négligèrent, quand ils le pouvaient lors de la convocation de l'Assemblée des Notables, d'organiser ces états à l'instar du Parlement d'Angleterre. En un mot, Louis XVI ne voulant, ou ne pouvant plus sympathiser avec l'ancienne constitution, dont les Parlemens étaient l'image, devait du moins faire la constitution, et ne pas la laisser faire. S'étant ainsi dessaisi de l'initiative, faute d'avoir osé s'en prévaloir (ce qui était excusable à cette époque, où les plus habiles marchaient à tâtons et étaient entravés par des obstacles de toute espèce), il ne put plus s'arrêter sur la pente rapide qui l'entraînait. Il ne sut ni céder, ni résister à propos, et fut emporté par le torrent.

La résistance des Parlemens, regardée comme factieuse par certaines personnes, tenait en grande partie (ce qui n'a pas été assez remarqué) à ce qu'on leur demandait d'enregistrer de nouveaux impôts, trop réitérés et trop considérables pour qu'ils pussent y donner leur assentiment sans perdre la popularité dont ils jouissaient. Les grands corps ont un extrême besoin de ménager l'opinion et d'éviter de tomber dans la déconsidération. Le Sénat de Bonaparte en a fait une triste expérience. Il lui en a coûté cher de s'être laissé transformer en un instrument de servitude, en une machine à recrutement et à impôts.

En France, on a toujours eu le fatal travers de dépenser et de lever plus d'argent que ne le permettait la forme du gouvernement. De-là tous nos malheurs. C'est ainsi que la monarchie absolue, et plus tard la monarchie tempérée, ont péri par les finances. C'est ainsi qu'on poursuit la destruction de l'aristocratie, par les charges qu'on fait peser sur la propriéte territoriale, devenue onéreuse dans certaines parties de la France. C'est ainsi que, même sous le gouvernement représentatif, où les peuples accordent l'or à pleines mains, on a fort affaibli la royauté en la transformant en un solliciteur perpétuel. Après cela, est-on fondé à se plaindre de voir germer partout des dispositions républicaines ?

L'économie n'est point dans nos mœurs. Nos divers gouvernemens nous ont toujours ressemblés.

Depuis quinze ans, aux quinze milliards de l'impôt annuel et au milliard de l'occupation, il a fallu ajouter le paiement de l'arriéré de l'empire ; le milliard d'indemnité aux émigrés ; trois cents millions qu'a coûtés l'expédition de 1823 pour le rétablissement de la monarchie espagnole; quatre-vingts millions destinés à la délivrance de la Grèce ; quatre-vingts à cent millions pour l'expédition d'Alger, dont plus du quart, dit-on, est déjà dépensé. Si une partie des masses énormes de fonds que nous venons d'énumérer eussent été employés en dégrèvement d'impôts, les électeurs des petits colléges seraient-ils maintenant si redoutables ? L'industrie, l'agriculture et le commerce ne seraient-ils pas dans une situation plus florissante ? Mais le gouvernement veut avoir les bénéfices du régime représentatif sans en supporter les inconvéniens. C'est ce qu'il est impossible d'admettre ; car, comme on l'a observé depuis long-temps, subsides considérables et liber-

tés marchent de compagnie. (Voyez MONTESQUIEU.
Esprit des Lois, livre 13, chapitres 10 et 12.)

L'autorité royale, et celle dont jouit l'aristocratie, peuvent se maintenir sans altération et
sans déchet, tant qu'il n'est pas question de créer
de nouveaux impôts, parce qu'un impôt, une
fois consenti , semble légitimé pour les an-
nées subséquentes. En effet, une longue expérience a appris aux peuples qu'un dégrèvement
sérieux est une chose sur laquelle il ne faut presque
jamais compter. Mais c'est à l'époque de l'établis-
sement de nouvelles taxes, et surtout quand ces
taxes arrivent à la suite d'expéditions militaires
désastreuses, que l'orage, long-temps amassé,
éclate avec fureur, et que toutes les prétentions
se réveillent avec une force irrésistible. Alors, il
n'y a plus qu'à céder, ou appeler la banqueroute
et l'anarchie au secours de la royauté, si déjà
l'anarchie n'est pas soudoyée par les partis.

Au fait, ce n'est pas à l'occasion de taxes ancien-
nement votées et consacrées par l'usage, que se
manifesta la fatale résistance de Hampden. Ce fut
à l'occasion d'un nouvel impôt que le Roi d'Angleterre avait créé de sa seule autorité. Ce fu-
rent encore de nouveaux impôts qui donnèrent

lieu à l'affranchissement des Pays-Bas, à l'indépendance des Etats-Unis d'Amérique, à la révolution française, et même en remontant plus haut, au schisme de Luther, qui a divisé le monde chrétien. Partout on a vu la liberté politique et religieuse, opprimée, renaître avec énergie sous l'action stimulante de la fiscalité.

En France, au moment présent, la Chambre des Députés, en refusant systématiquement les impôts établis, tendrait à désorganiser l'administration, à ruiner le crédit, à éteindre la vie de l'État, ce qu'elle a un pressant intérêt à ne pas faire, et ce qu'aucun corps délibérant ne peut être déterminé à faire ; mais attendez qu'une nouvelle taxe se présente, la Chambre, en repoussant les nouveaux subsides, se popularisera. Elle embarrassera le pouvoir exécutif, sans rien désorganiser, et l'obligera à arriver à ses fins avec une facilité surprenante. Cette distinction est importante.

Il en résulte que, malgré la loi d'élection, à laquelle il est permis de trouver beaucoup à redire, malgré la liberté extrême de la presse quotidienne, la royauté n'a à craindre aucun refus sérieux de budget, ni qu'il lui soit imposé aucune concession forcée, du moins dans l'ordre des prévisions ordinaires.

Seulement, tout se prépare pour l'époque où elle viendra réclamer quelques nouvelles taxes, quelques dépenses extraordinaires. C'est à elle et à ses ministres à se tenir pour avertis, et à prendre leurs précautions en conséquence. Nous le répétons, le Prince qui ne veut point se voir arracher de concessions doit s'abstenir d'exiger de nouveaux tributs. Tant qu'il sera fidèle à cette règle, si rarement observée, on croit pouvoir affirmer qu'il sera en mesure de repousser victorieusement toutes les exigences.

La royauté jouit du *veto* en fait de législation; la Chambre Des députés en matière de finances, et celle-ci, quand elle a des vues ambitieuses, ne se départ de son *veto* qu'en échange d'une part plus grande dans le pouvoir législatif. Elle se fait rendre sacrifice pour sacrifice. C'est une réciprocité trop méconnue, et sur laquelle nous appelons toute l'attention du lecteur.

On ne doit point qualifier de concession forcée le déplacement des ministres.

Quand ces derniers ne sympathisent pas avec les Chambres, il arrive un moment où rien ne les déterminerait à rester en place. L'arbitre désigné

par une des parties ne tarde pas à se désister,
quand il s'aperçoit que l'autre partie lui témoi-
gne de l'éloignement.

On compare souvent la France d'à-présent à
celle de Louis XVI. Il y a cependant entre les
deux époques une différence marquante qui in-
terdit tout rapprochement. Louis XVI n'avait
point de finances, Charles X a les finances du
monde les mieux établies, et non-seulement la
France, mais toute l'Europe est intéressée à leur
maintien. Louis XVI avait besoin de nouveaux
impôts. L'administration actuelle pourrait aisé-
ment faire des dégrèvemens considérables.

Les changemens de ministres, la prorogation
et la dissolution des chambres, sont des moyens
de conciliation que la Charte a réservés entre le
Roi et les Chambres. La royauté peut en user sans
danger et sans autres ménagemens que ceux que
prescrivent le bon sens et la prévoyance, chaque
fois que les trois pouvoirs, dont l'accord consti-
tue la souveraineté, sont en dissentiment sur la
manière d'envisager les grands intérêts de l'état.

Depuis quelque temps on s'alarme beaucoup
de l'invasion des doctrines républicaines, et ce
n'est pas sans motifs; car elles semblent faire cer-

tains progrès parmi nous. On aurait bientôt para-
lysé l'influence de ces doctrines, non comme
moyen d'opposition, car, dans la monarchie,
l'opposition revêt toujours soit la tendance ré-
publicaine, soit la tendence aristocratique, mais
comme moyen applicable de gouvernement, si
l'on s'attachait à répandre la conviction :

Que la *république* n'est possible que dans les
états où tous les citoyens sont propriétaires;

Que le *gouvernement aristocratique* est appelé,
par la nature des choses, partout où les prolétaires sont nombreux;

Enfin, que dans les pays où les prolétaires sont
en très-grand nombre, la *Royauté*, qui les pro-
tège et les contient à la fois et représente leurs
intérêts, devient une institution nécessaire, in-
dispensable, et le seul boulevart qu'on puisse
élever contre l'anarchie.

De ces vérités simples, et qui sont à la portée
de tous les esprits, découlent naturellement les
conditions qui constituent les diverses formes de
gouvernement (1).

____

(1) Voyez : Considérations sur la politique et les circonstances
actuelles ; in-8° 1822, 2ᵉ édition.

Des classes inférieures et des rapports qui les unissent aux autres
classes de la société. Paris, 1830, chez Delaunay.